„*Himmelskind*

und

Wolkenwunder"

Christina Maria

Für Dodo, Schwester meines Herzens –
auch für dich können Worte fliegen

Inhaltsverzeichnis

Herstellung und Verlag:

BoD - Books on Demand, Norderstedt

Gedacht
Gefühlt
Geschrieben

Fliegende Worte

Worte fliegen herbei und lassen sich nieder
Flüstern mir des Lebens Lauf
Sie plustern es auf – ihr schillernd Gefieder
Kaum schreib ich sie auf
Verschwinden sie wieder

Voller leiser Worte

Leise sollen meine Worte klingen
Erst im Herzen weitersingen

Sollen in der Seele reifen
Fröhlich Melodien pfeifen

Tragisch Arien hinschmettern
Dabei in den Seiten blättern

Seiten voller Leben drin
Über Fragen nach dem Sinn

Voller leiser Zwischentöne
Voller Staunen über´s Schöne

Voller Freude und auch Leid
In Zukunft und Vergangenheit

Verheißung

Im Innern der Muschel die verborgene Perle –
Verheißung des Lebens auf das Leben selbst.
Unschuldig - unbelastet - frei von Fehlern.
Licht in jedem Winkel der Dunkelheit.
Licht voller Nähe – voller Magie.
Voll von Farben.
Vollkommen ganz sein, bei den Farben sein,
dann leben sogar die Steine.

Siebenmeilenstiefeln

In einem Jahr nur Äonen gereist
durch das Alter der Menschheit
Dann die unvermeidlichen
Wachstumsschmerzen
Wie ein Kind, das plötzlich in die Höhe
schießt, sich dem doch so fernen Himmel
emporstreckt
Gleich der Bohnenranke im fast vergessenen
Märchen
Nun vielleicht doch endlich vereint -
die Seele und das Ich.
Auf dem richtigen Weg mit
Siebenmeilenstiefeln,
bis zu den nächsten scheinbar viel zu großen
Steinen
Das Schiff tanzt auf den Wellen, mit der
haltenden Hand vor unsichtbaren Klippen
geborgen
Bahnt sich seinen Weg in das Schicksal der
Seele

Das Mosaik

Meine Gedanken dreh´ n sich im Kreis –
ich kreise, mich drehend,
um meine Gedanken.
Wo ist das Ende und wo der Beginn?
Wohin geht die Reise, wo führt sie uns hin?
Ist das Weiß auf dem Schwarz oder das
Schwarz auf dem Weiß?
Oft täuschen die Sinne – wird Gewissheit ganz
leis.
Zerfließen die Farben, Spiralen gleich –
verschmelzen die Grenzen
ineinander, ganz weich.
Ob Anfang, ob Ende wir fragen vergebens,
was wird und was bleibt –
ist das Mosaik unseres Lebens.

Glücksmomente

Die Nächte zerträumt
Und den Schlaf vertanzt
Im überfließenden Glück des Moments
Sprudelnd – maßlos
Langsam welkt die Nacht
Und des Dunkels schwere Müdigkeit
Wird zur Gefährtin des Tages

Was bleibt

An deinen Wimpern hängen wie Tränen
Perlen aus Nebel
jenes undurchdringlichen Schleiers,
der alles verbirgt
Und doch blickt mir dein Antlitz
aus jeder Blüte empor
Der vertraute Schwung deines Mundes,
aus deinen Augen leuchtet noch das Glück
vergangener Tage
Meine Tränen fallen,
den Blättern des Herbstes gleich,
auf die steinerne Erde herab,
wo der Nebel sie zärtlich umschlingt
Und nur ein feuchter Hauch
auf meiner Wange ist,
was bleibt

Der Ton der Seele

Er berührt mich
tief im Innersten
bringt Saiten zum Schwingen
so dass die ganze Seele
zum Resonanzkörper wird
das Berühren erreicht noch den kleinsten
Winkel
bis der Ton alles ausfüllt
und mich zum Klingen bringt

Fremde Wogen

Aufbrausend wie das wogende Meer
umspülen mich die Gefühle
sie wühlen mich auf und toben sehr
und sind oft ihrer zu viele

Dabei gehören sie nicht mal zu mir
Verzweiflung, Angst und Trauer
sie kommen von fern oder auch von dir
und ich baue dir Brücke statt Mauer

Mitten in meine Seele hinein
steht weit offen die Tür
das Herz bittet schon längst zum Herein
es fragt nicht warum und wofür

Es kommt ja doch der Schicksalslauf
für jeden mal heran
dann tut es gut - die Tür ist auf
und bietet Trost für Frau und Mann

Wer dann nicht wird alleine sein
in schwerer Zeit und Not
der sieht im Dunkel hellen Schein
am Ende kommt der Trost von Gott

Anfang und Ende

Ruß und Asche
Feuer und Rauch
Schützende Wärme
Verzehrende Flammen
Im Schatten des Lichts ausharren
Im lichten Schatten weiterbestehen
Dem Vogel Phönix gleich
Auferstehend vergehen
Anfang und Ende
Im endlosen Fluss

Die Zeit, die bleibt

Die Zeit, die bleibt
Uns bleibt die Zeit

Im Bleiben verweilen
In Zeiten wir eilen

Durchs Leben zu Fuß
Mit der Strömung im Fluss

Mal langsam, mal schnell
Mal dunkel, mal hell

Durch Schatten, durch Licht
Vorab wissen wir's nicht

Wie die Zeit uns treibt
Die Zeit, die bleibt

Auf Reisen

Aus einem fahrenden Zug
durchs Fenster sehen
grasende Pferde erblicken
und in fremde Fenster spähen

Den gleichen Ton summt
der Schienenstrang
im Rhythmus gewogen
den ganzen Weg entlang

Fremde Menschen treffen sich
am selben Ort
kaum erblickt – nie erkannt
und wieder fort

Nur der Himmel
in seiner getupften Weite
bleibt erhaben konstant
auf Jedermanns Reise

Vor dem Schlaf

Kurz vor dem Einschlafen
wehen Gedanken dich an

Flüchtige Momentaufnahmen
wie Wolkenfetzen

Gleich dem Blick durchs Fenster
aus einem fahrenden Zug

Du vermagst sie nicht zu fassen
sie lassen sich nicht halten

Am Morgen erreicht dich nur noch
ein schwaches Echo

Und alles was bleibt,
ist das Gefühl einer
verlorenen Erinnerung

Flüchtiger Moment

Beim aus dem Fenster blicken
spiegelt sich
im eigenen Gesicht
die ganze Welt
oder nur
ein Wolkenwehen

Vergangen wie gesehen
und doch noch da
nur nicht
für den Weiterziehenden
Wird er den Ort
bei seiner Rückkehr
noch erkennen?

Nirgendwo

Halt auf freier Strecke
Halme wiegen sich im Wind
Verlassene Schienen
Führen scheinbar nirgendwo hin
Und doch sind sie ein Weg
Wohin er führt –
Weiß nur der Wind

Abschied

Die Bande, die die Kindheit tragen
können nicht für immer halten
einmal muss man unter Zagen
sein Leben ganz allein verwalten

Stück für Stück bricht jene Kruste,
die uns Mantel war und Schild
auch wenn man es lange wusste
am Ende tobt der Schmerz doch wild

Lange sind wir Kind gewesen,
dann irgendwann schließt sich die Tür,
wenn wir die letzten Worte lesen
ist keiner je bereit dafür

Doch so spielt des Lebens Lauf
ändern lässt sich daran nichts.
Nach dem Fall steh wieder auf
nun erwachsenen Angesichts

Denn wachsen muss ein Jeder mal
soll es im Leben weitergehen
zu wachsen heißt oft höchste Qual
nur lass das Kind in dir bestehen

Deine Eltern – ihr Vermächtnis
begleiten dich in Freud und Not
sind lebendig im Gedächtnis
bis zu deinem eigenen Tod

Seiltänzer

Im Schweben gefangen zwischen
gestern und morgen,
das Heute ist seltsam starr und stumm.
Fühl ich Hoffnung, Dank oder Sorgen,
ich weiß nicht und frage nicht
nach dem Warum.

Wir alle sind Seiltänzer
auf dem Grad der Zeit,
balancieren im Leben Schritt für Schritt.
Wird der Tanz zu schwer sind wir bereit,
gehen am Ende ermüdet
und dankbar mit.

Was gestern gewesen, ist heute vergessen,
wer morgen wird sein, erinnert sich nicht.
Der Mensch ist vergänglich
trotz seinem Verlangen,
nach Leben, doch wer glaubt,
sieht am Ende das Licht.

Was ich bin

Weiß nicht, was ich glauben soll,
weiß nicht, was ich beten soll,
bin doch nur ein Blatt im Wind
ein kleiner Fisch im großen Meer
bin, was ich weiß und weiß doch nichts
kann nichts entscheiden
kann das Schicksal nicht bedrängen
gut zu sein und sanft und mild
muss ertragen, muss es tragen,
was auch kommt und was mich trifft
bin nur nichtig, bin nur flüchtig
eine kleine Weile hier
bin nur Gast auf dieser Erde
ohne Bleiben, nur verweilen
einen langen Augenblick

Himmel und Erde

Er grünt so grün

Das Leben lacht in grünen Tönen.
In Winter´ s Grau erwacht ein Sehnen,
nach Linden-, Moos- und Frosches Grün,
in ihre Wonnen muss das Auge flieh´ n.
Auf diesen Tönen will die Seele landen,
so grün wie Hoffnung, die wir fanden.

Frühlingswunder

Ob blau, ob grün – das bunte Band
das nur der Frühling webt
legt sich auf jeden Rand
auf Blatt, auf Baum, auf Blume

Es kreucht und fleucht
um uns auf Erden
in steter Wiederkehr und neuem Werden
des Winter´s letzter Hauch verweht

Zitronenfalter wiegen tanzend sich
in milder Luft
betört – berauscht vom süßen Blütenduft
im wilden Takt des Lebens

Auch in der menschlichen Natur
zieht lichte Wärme ihre Spur
erweckt des Daseins Freuden

Endlich Frühling

Der Frühling kommt – er kommt gewiss
Das Grün umschmeichelt dann die Sinne
Dem tristen Grau die Macht entriss
Die kalten Winde halten inne

Schon strahlt das Licht als helles Leuchten
Der Himmel zeigt sich nun in blau
Das ist, was Mensch und Tier so dringend
brauchten
In Winters Dunkel – endlich sind die Tage lau

Die Luft, sie flirrt vor Ton und Leben
Allüberall ist Flügelschlag
In zarten Federbrüsten beben
Erregte Freuden über diesen Frühlingtag

Ehe es endet

Ermüdetes Laub
Welk vom langen Sommer
Bald ein letzter Blick
Auf leuchtendes Grün vor strahlendem Blau
Der silbrige Schimmer der Pappeln
leises Seufzen im Wind
Ein tiefes Luftholen
vor dem letzten Akt
ehe das flammende Glühen
das Ende ankündigt

Des Winters Blässe

Der Himmel in Pastell
die Sonne blass vor Kälte

Frost auf Brombeerranken
ein Specht klopft das Echo
des Sommers

Im funkelnden Weiß
ein Stück
gefallener Ewigkeit

Mitten im Winter

Wintersonnenwende schon vorüber
weißes Land und Winterlicht
Eine Schar Wildgänse
vor dem Violett des Abendhimmels
Anmutige Schatten berühren
mit zarten Fingern die Wolken,
die angestrahlt vom orange-roten Licht
von innen zu leuchten scheinen
Ein vollkommener Moment
mitten im Winter

Winterfunkeln

Alles ist erstarrt im Eis
Eingefrorener Augenblick
Der See trägt eine Haut aus Eis
Uferjenseits schweift mein Blick

Wie verzaubert liegt die weite
Kalte weiße Welt vor mir
Selbst der Asphalt funkelt heute
Diamantenhell allhier

Jeder Grashalm trägt Kristalle
Blinkt und blitzt im klaren Licht
Zart wie filigrane Sterne, alle
Jeder für sich ein Gedicht

Das Moos trägt Raureif auf dem Schopf
Da lugt ein Gänseblümchen noch hervor
Streckt den weißbepelzten Kopf
Zum blauen Himmel hoch empor

Nie so weit

Die Musik der Wildgänse
treibt Sommer und Herbst hinfort

Auf ihren Schwingen
tragen sie den Winter heran

Das Weiß ihres Gefieders leuchtet
in der Sonne wie gefallener Schnee

Die Silhouetten der Kraniche
auf gefrorenem Gras

Ihre Rufe hallen
in der blattlosen Weite

Nie ist die Welt so weit
wie im Winter

Unter Bäumen

Hohe Tannen – mächt´ ge Fichten
Stehen wie Gedichte da
Zeugen von der Erde Schönheit
Alles ist so wunderbar

Zart belaubte Birken wachsen
Leuchtend hell im Sonnenschein
An den Linden Blatt für Blatt
Hängen Herzen zart und fein

Könnten wir verstehn die Eichen
Zeugen der Vergangenheit
Ring für Ring wachsen sie langsam
Schneller läuft des Menschen Zeit

Unter ihrer breiten Krone
Braucht den Schatten man nicht suchen
Wenn die Sonne brennt vom Himmel
Über hohen grünen Buchen

Espen, Pappeln zittern leise
Wohlig schaudernd wie ein Kind
Flüstern, tanzen miteinander
Wiegen sich dabei im Wind

Könnten gar nicht weiterleben
Ohne Wald und ohne Bäume
Nackt und kalt läge sie da
Eine Erde ohne Träume

Festessen der Natur

Setz dich nieder an dem Tische
Reich gedeckt hat die Natur
Sieh der jungen Blätter Frische
Trinke quellenklares Wasser nur

Unbeschreiblich diese Vielfalt
Blumen blühen bunt und schön
Durch den offenen schmalen Spalt
Wenig kann das Aug erspähn

Seele lab dich am Festessen
Sinne trinkt und esst euch satt
Hieran lässt sich Glück bemessen
Ob des Wunders Blatt für Blatt

Lebendiges Geheimnis

Schließe die Augen und betrachte
die Welt von innen heraus

Sonnenlichterne Tupfen
auf den Lidern erhellen die Dunkelheit

Strahlen aus Wärme und Licht
weisen dir den Weg

Die Welt wird zum Ort
aus Freude und fließendem Glück

Lausche dem Ruf des wilden Vogels
und erfühle die Schönheit, die dich umgibt
ohne zu sehen

Das weiche Moos unter den Füßen,
den Wind im Gesicht
Atme das Leben!

Um dich her
tief lebendige Wesen

Höre dem rauschenden Tanz der Bäume zu,
dann wirst du tief verborgen
ein Geheimnis erfahren,
das nur dir zuteilwerden soll

Himmelsbilder

Sieh die Wunderwolken an
Tiefes Blau und weiße Flecken

Zart gewebte Wolkenschleier
Ballend graue Riesen zieh´ n

Jene Wolkenwunder - sieh und staune
Ewig, zeitlos in Bewegung

Über das Glück...

.

Glück ist...

...schnurren, zwitschern, silberhelles Lachen

...ist Sonnenstrahl und Regentropfen

...himmelblau und blättergrün

...weiches Fell und warme Haut

...vertrauter Duft und Zärtlichkeiten

...ist satt und hell

...prickeln, kitzeln, überfließen

...ist Danke und ich hab dich lieb

Seifenblasenträume

Kommen bunte Seifenblasenträume
Schillernd in dein Herz geflogen
Aus des Himmels blauer Mitte
Von der Sehnsucht angezogen
Fühlen sich vor Freude trunken
Sprühen glitzernd Hoffnungsfunken

Das gezähmte Glück

Da liegt es – das Glück ganz stille
das Feine und Reine
beugt sich Niemandes Wille
ob es kommt entscheidet´s alleine

Doch unverhofft lugt es hervor
und ist dann sehr zerbrechlich
es zu besitzen, glaubt der Tor
es zu behalten, wünscht ein Jeder sich

Du kannst es zähmen Stück für Stück
mit kleinen Gesten - Freundlichkeiten
im Unscheinbaren lebt das Glück
schau hin und lass das Herz dir weiten

Gefürchtetes Glück

In manchen Stunden
Bedrängt mich die Zeit
Dann sehe ich dem Leben
Nur von außen zu
Und fürchte mich vor dem Glück

Der Mensch und das Glück

Was ist das mit des Menschen Glück
warum weist er es zurück

Weshalb kann er es nicht mal erkennen
selbst, sollt es ihn beim Namen nennen

Der Mensch macht es sich gerne schwer
und leidet dann darüber sehr

Dabei könnt es viel leichter gehn
mit Augen, die auch Andre sehn

Ein Wort verschluck, ein andres sprich
und denke einmal nicht an dich

Lass fahren manchen dummen Streit
dann bleibt erspart dir Einsamkeit

Statt zu wüten, wie im Fieber
holt tief Luft – umarmt euch lieber

Dann kannst du staunend noch erfahren
das Glück war nah, in all den Jahren

Nun Mensch sei klug und denk daran
was du Gutes tust, das wird auch dir getan

Erkenntnis

Ein reiches Leben birgt Gefahr
das wird erst klar, so Jahr um Jahr

Wer gar nichts zu verlieren hat,
den setzt die Furcht auch nicht Schachmatt

dass alles könnt verloren sein,
das ganze Glück nur Trug und Schein

Der Lauf des Lebens uns belehrt,
nichts halten können wir auf Erd

Nur eines was wir sicher wissen,
dass Sicherheit wir missen müssen

Zerbrechlich ist des Menschen Glück,
drum lebe nur den Augenblick

Von lebendigen Wesen

Himmelskind

Wolkengucker
Himmelsstauner
Sternenblicker
Sonnenträumer
Sturmbezwinger
Windumsegler
Regendufter
Wellenschmecker
Blütensammler
Moosestreichler
Schirmchenpuster
Weltgenießer
Lebensdanker
Herzensschmeichler
Seelenhüter
Liebegeber und Geliebtes
Alles, alles
kannst du sein,
du mein Himmelskind

Rilkes Panther

Rilkes schwarzer Leopard
hinter Gittern festgesetzt
sein Dasein fristet kalt und hart
Geist und Seele schwer verletzt

Armer Panther hinter Stäben
spürst den Wind nicht, hast kein Baum
drauf zu liegen, wie es sein sollt
am Ende bleibt dir nur ein Traum

Wie dein Bruder voller Freiheit
in den Schattenwäldern jagen
in wundervoller Einsamkeit
ohne Menschen die dich plagen

Die im Dunkeln

Lass dich nicht ins Dunkel ziehen,
hole sie zu dir ins Licht,
strecke deine Hände aus
und umfasse ihr Gesicht

Hülle sie in deine Wärme,
öffne deine Arme weit,
lass sie deine Liebe spüren,
berühre mit Behutsamkeit

Jene Seelen, die verkrochen,
dir sich unsichtbar entziehen
und die Herzen, die zerbrochen,
die voll Einsamkeit entfliehen

Auf dem Weg

Herzschlag des Erwachens -
Kolibriflügeln gleich,
eilend und flüchtig
vom perlenden Nektar des Lebens gespeist -
auf dem Weg ins Dasein

Engel im Nebel

Silhouetten im Nebel – Schemen gleich
wie Boten des Winters
aus dem Schattenreich

Die Farben, sie floh´ n vor dem feuchten
Hauch
alles ist grau –
jeder Baum, jeder Stein, jeder Strauch

Alles liegt stumm und tonlos da – kein
Vogelruf zerreißt die Stille
alleine wandert nun der Mensch –
es treibt ihn nur der eigene Wille

Wer einsam dort im Nebel steht
verloren und voll Furcht
bedenke, wer den Weg mitgeht

Durch Nebel, Nacht und Finsternis – musst du
nicht alleine schreiten
Lausche tief in dich hinein
Dann hörst du, wie sie dich begleiten

Im Traum

In eines Traumes fernen Land
voll Sommerlicht und grünen Schatten
da reichen Feen sich die Hand
und flechten weiße Blütenmatten

Sie binden zauberhafte Decken
und weben manch Geheimnis ein
des Geistes Fantasie zu wecken
und in der Liebe ganz zu sein

Wer diesem Bilde wohnte bei
den lässt der Schlaf in mancher Nacht
entflieh´n der Welt in Träumerei
voll Fantasie und Liebesmacht

Alte Freunde

Alte Freunde – neue Wege
lang schon gehn wir Hand in Hand
auch getrennt sind wir uns nahe
finden uns im neuen Land

Manchmal spült der Fluss des Lebens
voneinander fort uns Zwei
fremde Ufer – neuer Anfang
mal gebunden und mal frei

Müssen uns dann wieder finden
ach die Freude ist so groß
wenn wir spüren noch nach Jahren
gefühlt waren´s doch Stunden bloß

Von Großen und Kleinen

Wenn Große Kleinen Wunden schlagen
Bleiben Narben auf den Herzen
Ohne dass sie etwas sagen
Fühlen sie doch immer Schmerzen

Kleine Kinder – großer Kummer
Schwer das Herz und heiß die Tränen
Die erst fließen vor dem Schlummer
Denn im Dunkel kommt das Sehnen

Ach die armen kleinen Seelen
Was sie brauchen ist nicht viel
Können nicht alleine wählen
In dem großen Lebensspiel

Ein Zuhause, Vater, Mutter,
Verständnis und ein offenes Ohr
Etwas Milch und Brot mit Butter
Liebe öffnet Tür und Tor

In die große weite Welt
Ziehn sie aus mit stolzem Gang
Liebe trägt sie und kein Geld
Macht so stark – ein Leben lang

Ach könnt der Mensch...

Ach könnt der Mensch wie eine Wildgans sein
im Flug verbringt sie ihren Tag
die Seele frei, der Geist ist rein
sie lebt für jeden Flügelschlag

Sie sucht nach Trinken und nach Essen
ein sich´rer Schlafplatz für die Nacht
sie muss im Schlafe nichts vergessen
kennt nicht der tiefen Ängste Macht

Sie fürchtet nur den Fuchs als Feind
weiß nichts von seelischen Dämonen
sobald am Horizont das Licht erscheint
erhebt sie sich in Wolken, die hoch thronen

Sie baut ihr Nest für einen Frühling lang
denkt nicht an später, voller Sorgen
vor Später ist dem Mensch oft bang
voll Zweifel wartet er auf Morgen

Ach könnt der Mensch doch vogelgleich
für jeden Tag nur leben
dann wäre jede Stunde reich
und würd der Lasten ihn entheben

Von den Elben

Der Ring der Macht, der Ring der Zeit
Geschichten gibt es viele
Der Traum besteht seit Ewigkeit
Von Elben wild beim Spiele

Es geistert oft ein lichter Schatten
Am Morgen durch den stillen Wald
Wer jagen will ihn, wird ermatten
Bei ungestümer Jagd alsbald

Doch unverhofft zu später Stunde
Erscheint ein Wesen dir im Dunkeln
Du starrst ganz stumm mit offenem Munde
Auf dieses märchenhafte Funkeln

Im Wasser spiegelt sich ein Bild
Gar wundersam und zauberhaft
Von einer Elbin schön und mild
voll ungezähmter Lebenskraft

Nur einen kurzen Augenblick
Währt dieser wahr gewordene Traum
Nach einem Wimpernschlage kehrt die Welt
zurück
Daran zu glauben, wagst du kaum

Nicht ganz so schön

Des Menschen Eitelkeit

Was bildet bloß der Mensch sich ein,
ist bei ihm oft mehr Schein als Sein

Das auch es mangelt oft an Geist,
beweist, was er so an sich reißt

Ein mancher schätzt als höchstes Gut,
nicht mal sein eigen Fleisch und Blut

Für ihn zählt nur das liebe Geld
als größter Wert in dieser Welt

Am End jedoch muss er erfahren,
dass es die falschen Werte waren

Das Geld ist kalt, schenkt keinen Trost,
wenn der Schicksalssturm wild tost

Nur Zellen, Haar und Knochen,
wie schnell sind die zerbrochen

Die Haut sie welkt und dünn das Blut,
der Mensch – er stirbt, was er auch tut

Wenn die Jahre abgelaufen,
kann man keine weiteren kaufen

Die Frage lautet dann am Ende,
ob sie nur nahmen, diese Hände

Das Raubtier

Als mal ein Wolf ein Lämmlein riss,
da schrien alle laut
und jagten ihn, bis er ins Gras reinbiss
und gerbten ihm die Haut

Zu Ostern wollten wir doch gern
das Lämmlein selbst verzehren,
dies Festmahl ist uns nun ganz fern
für dies Jahr müssen wir's entbehren

Es muss ja nicht ein Lämmchen sein
zu füllen unseren Bauch
nun kaufen wir uns Huhn und Schwein,
die tun's im Notfall auch

Von denen gibt es ja genug,
die töten wir zu Hauf,
die Hühner sah man nie im Flug,
die Schweine nie im Lauf

Der Wolf frisst Aas und Wildbret nur
und hier und da ein Lämmlein
so liegt es in des Wolfs Natur,
da braucht der Mensch nicht laut zu schrein

Denn was er selbst an Fleisch verzehrt,
das kann ein Wolf nicht fressen,
das Lamm hat keinen Eigenwert
fürs Raubtier Mensch, das sollst du nicht
vergessen

Bürokratia

Im Lande Bürokratia, da herrschen Bürokraten
sie führen streng das Regiment
und mischen unsere Karten

Für alles gibt es klare Regeln
und auch ein Antragsformular
mit dreifach Durchschlag, dieses muss
natürlich neu gestellt sein – Jahr für Jahr

Was Ordnung ist, muss Ordnung bleiben,
ob es nun eilt oder gar brennt,
zu allererst muss man bedenken,
das dementsprechende Dokument

Keiner geht gern mehr hinaus
zur Arbeit und in die Vereine
allein entscheiden darf man nicht,
die Vorschrift hält uns an der kurzen Leine

QM und andres Regelwerk
wiegt schwer und drückt die Luft uns ab,
doch Regeln können keine Arbeit tun
an manchen Stellen wird's schon knapp

Vielleicht gelingt es Bürokratia
der Mensch ersetzt von Paragraphen
sie löschen, pflegen und erziehn,
dann können wir alle wieder schlafen

Lieb Vaterland

Les ich die Zeitung früh am Morgen,
plagen mich den Tag lang Sorgen

Es schmerzt der Kopf, das Herz tut weh,
trifft man im Bundestag die AFD

Wo Pegida aufmarschiert,
der blanke Wahn bereits regiert

Der Mensch ist dumm und wird nicht klug,
mit Rassenwahn ist´s nie genug

Schuld sein muss doch immer einer,
gewesen sein – am End will´s keiner

Das alles hatten wir doch schon,
dass es nun wiederkehrt, ist reiner Hohn

Gedenk ich meinem Land bei Nacht,
bin ich um den Schlaf gebracht